ÉLOGE

DE

M. LE COMTE DE PEYRONNET,

Prononcé

PAR M. JUSTIN DUPUY,

A la séance publique de l'Académie de Bordeaux,

LE 28 DÉCEMBRE 1855.

> Ses malheurs, digne prix de sa fidélité,
> De ces temps de faiblesse ont ennobli l'histoire.
> (Cte DE MARCELLUS.)

PARIS,	BORDEAUX,
E. DENTU, LIBRAIRE-ÉDITEUR,	Chez
Palais-Royal, 13, galerie vitrée.	LES PRINCIPAUX LIBRAIRES.

1856

ÉLOGE

DE

M. LE COMTE DE PEYRONNET,

Prononcé

PAR M. JUSTIN DUPUY,

A la séance publique de l'Académie de Bordeaux,

LE 28 DÉCEMBRE 1855.

Ses malheurs, digne prix de sa fidélité,
De ces temps de faiblesse ont ennobli l'histoire.
(Cte DE MARCELLUS.)

PARIS,	BORDEAUX,
E. DENTU, LIBRAIRE-ÉDITEUR,	Chez
Palais-Royal, 13, galerie vitrée.	LES PRINCIPAUX LIBRAIRES.

1856

ÉLOGE

DE

M. LE COMTE DE PEYRONNET.

———◦⚜◦———

Messieurs,

L'homme dont vous m'avez chargé de rappeler ici le souvenir appartient à l'histoire politique du pays. Sa vie, pleine de grandeur et d'infortune, est mêlée aux orages qui ont balloté le vaisseau de l'État en ce demi-siècle de révolutions. Élevée à la suite des évènements les plus mémorables sur la scène du monde, elle en est tombée par une de ces catastrophes que Bossuet seul a pu décrire, parce que seul il savait égaler les lamentations aux calamités.

Ma pensée ne peut s'arrêter sur le ministre de la Monarchie, sans voir les ruines dont il est entouré et le deuil auguste qui rehausse ses revers. Dans ce passé tumultueux et militant qui vit aux prises tant de passions diverses et acharnées, le nom du comte de Peyronnet a eu sa part de retentissement et d'éclat. Les organes de la liberté, les interprètes de l'opinion, la tribune et la presse, l'ont ardemment discuté; mais ils n'ont pu ni l'entacher ni l'amoindrir. Il est resté ce que l'avaient fait des services signalés, un mérite supérieur, et des travaux auxquels vous voulez aujourd'hui, Messieurs, que je rende hommage. C'est la preuve de la haute estime dont vous l'entouriez vous-même, et de la profondeur des regrets que vous a laissés sa trop courte apparition sur la liste des membres de cette Académie.

Mais, laissez-moi vous le dire, Messieurs, vous ne faites que le payer de retour par cet honneur. Lui qui avait le droit de se croire amplement satisfait par la renommée; lui que les honneurs publics avaient élevé si haut; lui qui avait joui des hommages des hommes et de la faveur des rois; lui qui, dans sa retraite, n'avait qu'à se souvenir pour ne plus rien ambitionner, se sentit pris d'une ambition dernière : il voulut être de cette Académie; il vous demanda de s'associer à vos travaux; et quand il l'eut obtenu, il s'en montra joyeux et fier.

Les lettres avaient toujours eu son culte; il leur voua ses suprêmes années.

Cette enceinte a retenti des accents de sa gratitude pour la Compagnie qui s'honorait en honorant ce mâle et fécond esprit, qui a laissé son empreinte dans des pages dont toutes ne périront pas, et dont bon nombre ne sont pas assez appréciées parce qu'elles ne sont pas encore assez connues.

Pour ma part, je ne doute pas que le moment ne vienne où les écrits du comte de Peyronnet trouveront la pleine justice qui leur est due, et prendront la place à laquelle ils ont droit parmi les productions sérieusement littéraires de notre temps. Un autre, plus compétent que moi, pourrait, dans un espace moins restreint que celui qui m'est accordé pour cet éloge, étaler ici toutes les richesses dont abondent les productions de l'homme illustre qui est l'objet de mon discours, et il ne lui serait pas difficile de justifier l'opinion que je viens d'en porter. Mais ce travail, même en le supposant accessible à ma faiblesse, reculerait de beaucoup les bornes qui sont imposées à ma parole.

C'est moins une étude que je vais faire des œuvres du comte de Peyronnet, qu'un aperçu rapide que je dois tracer de son existence littéraire, et des inspirations qu'il a livrées à un public dont l'attention est trop aux intérêts matériels pour s'attacher avec amour aux manifestations de la pensée par la littérature ou les arts.

Ai-je besoin de dire ici que je n'ai à parler de M. de Peyronnet que comme écrivain, et que, dans cette esquisse, je laisserai tout entier à l'histoire l'homme d'État précipité des hauteurs du pouvoir par une tempête populaire, et dont le malheur fit valoir l'âme et le caractère.

Néanmoins, Messieurs, sous l'écrivain se trouve l'homme que j'ai connu, et dont j'essaierai de dire les nobles et fermes qualités. Cette tâche demanderait une autre parole que la mienne; mais elle ne saurait trouver un cœur plus désireux de la bien remplir.

Pierre-Denis de Peyronnet naquit à Bordeaux en 1778. Son père occupait la charge de trésorier de France. L'aisance dont il jouissait lui aurait certainement permis de donner à son fils une éducation forte et variée, si les bouleversements qui bientôt emportèrent tout dans notre pays, et jusqu'aux établissements d'instruction publique, n'étaient venus, en détruisant sa fortune, faire obstacle à ses projets paternels.

L'intelligence du jeune Peyronnet dut être de bonne heure prompte et pénétrante. A le voir dans ses jours déclinants, il était facile de deviner que c'était là une de ces natures dont les qualités précoces se manifestent dès les premiers instants de la vie.

Son enfance fut entourée d'une société brillante, studieuse, enthousiaste de nouveautés, et poussant à sa propre ruine, en croyant régénérer la France.

M. de Peyronnet n'avait que onze ans lorsque survint la tourmente révolutionnaire de 89.

Son père, qui jouissait d'une considération méritée, dut se retirer devant les institutions nouvelles. Il le fit sans cacher ses opinions et ses sympathies pour le trône, et il mérita par là d'être un des premiers sur lesquels les hommes de 93 mirent la main : bientôt après, il monta sur l'échafaud, en léguant à son fils des sentiments auxquels il est resté fidèle, et un dévoûment dont il a donné depuis tant de mémorables preuves.

M. de Peyronnet avait déjà connu le malheur. C'est là un grand maître; il dédommage bien des souffrances qu'il inflige à quiconque ne s'en laisse point abattre, relève la tête, le regarde en face et l'écoute. Ainsi fit dès-lors M. de Peyronnet, ainsi a-t-il fait après sa grande fortune.

Il dut à sa jeunesse de ne pas accompagner son père au martyre, de ne pas monter sur cet échafaud où l'on trouvait, non la honte, mais la gloire.

A cette époque de la vie de M. de Peyronnet se rattache un souvenir que je vous demande la permission de rappeler ici, bien qu'il anticipe sur mon récit. Trente ans après la mort de son père, M. de Peyronnet, devenu ministre, s'occupait encore à rechercher les dettes inconnues de sa famille qui auraient pu n'être pas acquittées ; elles étaient sacrées pour lui, bien qu'elles fussent la conséquence de la spoliation révolutionnaire dont il avait été victime avec les siens.

Voilà l'honnête homme, voilà la conscience droite et rigide de votre illustre collègue; nous le trouvons ainsi, partout et toujours, à travers les vicissitudes de son existence agitée.

Quand le 9 thermidor eut brisé l'échafaud et ceux qui l'avaient dressé, des jours plus calmes se levèrent. Il y eut à Bordeaux, comme sur tous les points de la France, une réaction contre les nombreux oppresseurs qui venaient de décimer la nation. La Gironde avait eu ses entraînements funestes, mais elle ne s'était pas associée à la scélératesse qui venait de triompher pendant ces deux années; elle avait même lutté contre elle, et avait subi ses vengeances.

La jeunesse releva fièrement sa tête échappée au bourreau, et ne craignit pas d'afficher hautement son indignation, et contre les doctrines qui avaient amené tant de désastres, et contre les misérables qui les avaient si sanguinairement appliquées.

Cette jeunesse était ce qu'elle devait être en ce noble pays, qui est le nôtre, où le cœur est en dehors autant que l'esprit, où l'on s'éprend si vite du bien, où la franchise est si exaltée, où le dévoûment est si chevaleresque et la générosité si luxueuse. M. de Peyronnet avait toutes ces qualités, et il ne dédaignait pas de les faire valoir : son attitude était dès-lors ce qu'elle fut toujours, celle d'un homme qui a souci de lui-même, et qui ne laisse porter aucune atteinte à sa dignité.

Il est rare, Messieurs, qu'un secret instinct n'avertisse pas celui qu'attend une haute destinée.

M. de Peyronnet avait pressenti la sienne, et il s'y prépara de bonne heure par des travaux sérieux et suivis, qui réparèrent les défectuosités d'une éducation interrompue par les évènements. Le monde, qu'il aimait, et où il était recherché, non-seulement pour les avantages extérieurs de sa personne, mais pour la distinction de son esprit, n'empiéta jamais sur ses heures d'étude; il les réservait le jour et la nuit, et les disputait vaillamment aux plaisirs, qui, à cette époque, prenaient leur revanche de l'abandon où les avait laissés la terreur publique. La littérature attacha vivement cette imagination ardente, avide et délicate : M. de Peyronnet se destinait à écrire et à parler, et il voulut connaître à fond les maîtres du style et de la parole.

Dès-lors il se façonnait à cet art si difficile de rendre sa pensée avec force et avec justesse, de la parer avec goût, et de la rehausser de tout l'éclat qu'elle porte avec elle. La prose et les vers occupaient également sa plume, et la société bordelaise eut quelquefois lieu de s'en apercevoir à certaines pièces ingénieuses et spirituelles où l'épigramme annonçait déjà l'auteur futur des *Satires*. Mais ce n'était là qu'un exercice secondaire pour l'intelligence de M. de Peyronnet, et comme un apprentissage de la mise en œuvre de ses idées; il étendait celles-ci par l'étude de l'histoire, de la philosophie et du droit.

Le Barreau qui avait donné à la Monarchie

Desèze, à la Révolution Vergniaud, était le premier de la nation, et fondait cette renommée qui, quinze ans plus tard, faisait dire à Louis XVIII : « Si je n'étais pas roi de France, je voudrais être avocat de Bordeaux. » Trois hommes étaient à sa tête : ils s'appelaient Ferrère, Lainé et Ravez. D'autres brillaient par un mérite supérieur : par le savoir, par le raisonnement, par la diction, par toutes les ressources d'un talent exercé; mais aucun d'eux n'avait au même degré l'éloquence grandiose du premier, l'élévation lumineuse du second, la logique serrée et substantielle du dernier.

C'était là plus qu'il n'en fallait pour exciter l'émulation du jeune de Peyronnet. Il entra donc dans ce Barreau, et vint s'asseoir, avec le brillant Martignac, à côté de ces maîtres déjà célèbres, et dont le souvenir est impérissable parmi nous.

Philippe Ferrère, nature aimante et expansive, lui voua une amitié qui servit ses débuts, et le soutint dans sa laborieuse carrière. M. de Peyronnet, qui n'avait pas le cœur oublieux, avait voué à la mémoire de son ancien et illustre ami un culte qui semblait s'être accru avec l'âge, et qui, près de mourir, lui a inspiré les vers les plus attendrissants. Les voici :

Toi que j'ai tant aimé, toi, mon maître et mon frère,
Fils du pays charmant où vint mourir Barrère,
Oui, toi qui, sans orgueil et sans déloyauté,
Fondas chez les plaideurs ta chaste royauté,
Dont l'éclatante voix, inculte, mais sublime,
Cent fois au fer aveugle arracha sa victime;
Simple, aimant des vieux jours l'humble sécurité,
Des ombres du vieux droit perçant l'obscurité,
Ou rival de Gresset et disciple d'Horace,
Par tant d'aimables vers pleins de charme et de grâce,
Génie ardent, fécond, pénétrant, étendu,
Le plus grand que notre âge eût encore entendu.

Voilà comment, après plus de trente ans, M. de Peyronnet parlait de son ami, de son protecteur, de l'éloquent Ferrère. Ce n'était pas seulement là de l'enthousiasme du cœur, c'était aussi de l'admiration vraie et profondément sentie pour cette haute intelligence, dont les circonstances et la mort arrêtèrent l'entier développement.

Les évènements de 1814 trouvèrent M. de Peyronnet ce qu'il avait toujours été, ce qu'il fut toujours. Ce n'est pas sa moindre gloire d'avoir mis de l'unité dans ses opinions, et d'y être resté fidèle en un temps où tout semblait conspirer pour ébranler les plus fermes convictions. Les siennes étaient connues, et il n'eut besoin de recourir à aucune exagération pour y faire croire.

Le littérateur n'eut pas chez lui à faire taire l'homme politique dans une série d'articles que publia le *Mémorial Bordelais*, qu'il venait de fonder avec Edmond Géraud, cet esprit tout à la fois solide, chaleureux et si dévoué, qui aimait d'un égal amour la Monarchie et les lettres.

Le 3 septembre 1814, un service funèbre fut célébré dans l'église Saint-André en mémoire de la princesse de Lamballe, massacrée à pareil jour, vingt-deux ans auparavant, et dont la belle tête fut promenée dans Paris au bout d'une pique. Ce service funèbre présentait cette touchante circonstance, qu'il était dû au pieux souvenir d'un homme qui avait disputé Mme de Lamballe aux assassins, et qui, lui-même, était tombé tout sanglant sous leurs coups.

La cérémonie se fit avec la plus grande pompe. Les principaux artistes de la ville se réunirent pour exécuter une cantate composée par M. de Peyronnet. Je l'ai trouvée dans un journal de l'époque. Ce que j'en citerai suffira pour faire apprécier le talent poétique dont M. de Peyronnet était doué dans sa jeunesse, et expliquera la prédilection qu'il a manifestée à la fin de sa vie pour les compositions en vers.

CHOEUR.

Noble victime des grandeurs,
Thérèze, pardonnez une aveugle furie ;
Apaisez-vous, ombre chérie,
Et ne rejetez pas l'hommage de nos pleurs.

UNE VOIX.

Simple au milieu de la splendeur,
Et modeste dans la faveur,
Des reines elle était aimée.
Telle, en un jardin fastueux,
Auprès du lys majestueux,
Fleurit la rose parfumée.

UNE VOIX.

Horreur ! j'entends retentir
Le cri précurseur du carnage ;
Pourquoi, d'un sinistre nuage,
Le ciel vient-il de se couvrir ?

UNE AUTRE VOIX.

Fille des rois, dois-tu mourir?
Aux assassins abandonnée,
Sous le tranchant de la cognée,
Jeune palmier, vas-tu périr?

UNE TROISIÈME VOIX.

Jour fatal, forfaits exécrables,
Où courez-vous, brigands audacieux?
C'en est fait... Et leurs mains coupables
Ont répandu le sang des dieux.

RÉCITATIF.

Où fuir? O terre antique! ouvre-nous tes abîmes!
    Déjà les enfers menaçants
Réclament à grands cris un peuple de victimes;
Et combien subirent la peine de ces crimes
      Dont ils sont innocents?

Ne voyons là que le littérateur, Messieurs; laissons de côté, si vous voulez, les sentiments et les convictions qui l'ont inspiré, et nous pourrons nous former une idée de l'art d'écrire que possédait déjà celui qui, quarante ans plus tard, sollicitait l'honneur d'être admis à l'Académie de Bordeaux au nom de ses œuvres littéraires.

Ce que M. de Peyronnet écrivit en ces temps d'enthousiasme, je pourrais le citer ici, Messieurs, sans crainte de blesser aucune opinion, et avec la certitude, au contraire, d'exciter en vous tous une légitime admiration pour la distinction de l'écrivain et pour la sagesse de l'homme politique.

M. de Peyronnet fut bientôt appelé à la présidence du Tribunal de première instance de notre ville. Nul ne s'étonna de cette élévation. Ses talents et son caractère étaient connus, et le Barreau lui avait ouvert, comme à plusieurs de ses confrères, la voie des hautes fonctions judiciaires et des honneurs politiques.

J'ai oui dire, Messieurs, que les archives de nos tribunaux ont conservé les preuves du zèle incessant et de la scrupuleuse exactitude avec laquelle M. de Peyronnet remplissait les devoirs de sa charge. Il aimait le devoir jusqu'à la rigidité, et le travail jusqu'à la passion. Dès qu'il fut entré dans la magistrature, il se proposa d'y déployer tout ce qu'il avait en lui de savoir, de conscience et d'activité. Les affaires n'attendirent pas; il les attendait plutôt lui-même, car il était toujours le premier à son poste. C'est ainsi qu'il fixa sur lui l'attention du gouvernement, qui vit bientôt ce que valait un tel homme, et les services qu'il pouvait lui rendre. M. de Peyronnet fut nommé procureur-général à Bourges. Bientôt après il fut appelé à remplir les fonctions du ministère public dans un procès politique à la Chambre des Pairs. Son attitude y fut aussi digne que sa parole vigoureuse et brillante. Il ne pouvait que monter plus haut.

Quelque temps après, Louis XVIII, qui se connaissait en hommes, le mandait auprès de lui, et lui confiait les sceaux de France. C'était en 1822; M. de Peyronnet n'avait que quarante-quatre ans. En quelques années, il était parvenu, de la modeste position d'avocat, au rang suprême de la magistrature. Il était devenu le collègue de M. de Villèle, l'un des plus grands ministres qu'ait eus la Monarchie; de Châteaubriand, l'un des plus grands écrivains dont s'enorgueillît notre pays. Ce n'était pas la faveur qui l'avait conduit là; M. de Peyronnet fut le serviteur, et non le courtisan des rois. Ceux qui l'ont personnellement connu savent qu'aucun autre ne fut moins souple que lui, même devant la grandeur, et que la flatterie ne gâta jamais le respect qu'il eut pour elle.

Mais ce n'est pas impunément, Messieurs, qu'on s'élève parmi les hommes ; il est rare qu'ils ne se blessent pas de la prospérité d'autrui, surtout quand cette prospérité investit d'un grand pouvoir celui qu'ils ont vu leur égal.

Il faut bien le dire ici, les inimitiés jalouses ne manquèrent pas à M. de Peyronnet, et elles trouvèrent un ample aliment dans les passions politiques qui s'agitaient alors à la faveur d'une liberté qu'on niait, qu'on a niée longtemps après, et qu'on est bien forcé de reconnaître aujourd'hui.

Ce fut là, on peut le dire, la grande époque de M. de Peyronnet, celle qui appartient à l'histoire, celle que je ne puis examiner ici. Ce serait une belle étude que celle qui aurait pour objet les luttes qu'il soutint avec tant d'énergie contre des adversaires puissants autant par la résolution que par la parole. La tribune française n'a pas eu depuis 89 de jours plus mémorables que ceux où l'éloquence livrait de si brillants combats pour ou contre la Monarchie, à l'ombre de laquelle se reposait le pays.

M. de Peyronnet était fait pour la résistance : sa fougue, quoique ardente, était contenue; il s'émouvait, mais il ne se troublait pas; il s'intimidait encore moins. Il avait le cœur dans le regard, et au port de sa tête on voyait sa résolution. Jamais il ne l'inclinait devant qui n'avait pas son estime, et les rois eux-mêmes la trouvèrent fière dans son respect et dans son dévoûment.

Dans cette mêlée terrible dont le Parlement fut le théâtre, et où il s'agissait, pour les uns d'arrêter, pour les autres de précipiter la Révolution, M. de Peyronnet ne s'épargna pas. Il osa ce qu'il crut nécessaire, et justifia ses actes par des discours que relevaient singulièrement le tour vif de son esprit et le mâle accent avec lequel il accusait ses idées.

On payait alors fort cher l'honneur d'être le conseiller des rois et l'arbitre des affaires publiques; il fallait répondre à la première interpellation qui s'élevait de l'assemblée des représentants du pays. Une salle à manger, dépouillée de ses vieilles tentures et convenablement restaurée, fournissait matière aux plus amères récriminations. On commence à douter maintenant que cela ait été possible; on finira par ne plus le croire. Mais la guerre aux ministres se faisait à propos de tout : elle s'alimentait des plus insignifiants détails ; elle était formidable, quand elle portait sur une des grandes questions qui touchaient à la vie même de la société. Alors la tribune répandait au loin l'éloquence des orateurs qui s'y succédaient pour exposer leurs doctrines ou exhaler leur colère.

Cette période de six ans, pendant laquelle M. de Peyronnet fut garde-des-sceaux de France, le chef suprême de la justice, il ne m'appartient pas de la juger. Seulement, quelle que soit ma bonne volonté de me borner à ne la mentionner que pour mémoire dans une vie dont elle a fait la renommée, je ne puis m'abstenir de rappeler que lorsque M. de Peyronnet tomba du pouvoir avec M. de Villèle, le pays venait de jouir d'une phase de prospérité, de calme et de grandeur, à laquelle aucune autre ne pouvait être comparée depuis soixante ans. Moins de trois ans après, la Révolution emportait la dynastie régnante dans l'exil, et précipitait le pays sur le bord d'un abîme.

Ce fut à la retraite de son premier ministère que M. de Peyronnet écrivit une brochure peu connue, et qu'il publia sans nom d'auteur, sous le titre d'*Esquisses politiques*. Elle tomba, il y a quelque temps, entre mes mains. Le style me nomma M. de Peyronnet. Mais ce n'est pas là son seul mérite; il en a un qui étonnerait prodigieusement aujourd'hui : M. de Peyronnet avait vu 1852 dès 1828. Les vues les plus hautes se trouvent développées dans cette brochure; le penseur anime l'écrivain, et lui communique une fermeté de ton et de langage qui n'exclut aucunement la modération et l'impartialité.

M. de Peyronnet n'avait qu'à gagner à être écouté dans l'enceinte plus calme de la haute Chambre, et à être lu dans l'exposition des principes qu'il croyait indispensables à la France. Il était mal connu des partis contre lesquels il avait combattu; et, dégagé d'un pouvoir qu'on lui imputait à crime, il eût fait bien vite apprécier la droiture de sa raison et la noblesse de son âme. Les évènements conspirèrent contre lui. Le gouvernement menacé voulut se défendre, et tourna de nouveau ses regards vers sa personne. Il refusa d'abord le concours qu'on lui demandait; puis, comme on insista, il crut qu'il était de son honneur de partager les périls qu'il pressentait. Il alla jusqu'au bout, par un de ces élans de fidélité et de courage qui lui étaient familiers, et qui l'emportèrent.

Quelle catastrophe, Messieurs, que celle qui, tout-à-coup, brisa sur les pavés une couronne séculaire, à qui la victoire, cette vieille alliée de nos rois, venait de donner la terre africaine. Je n'ai point à la décrire, encore moins à l'expliquer. M. de Peyronnet eût avec joie donné sa vie pour la conjurer; on allait bientôt la lui demander, pour le punir, disait-on, de l'avoir amenée. On le chercha donc dans ce but; on le trouva sans beaucoup de peine : cet homme n'était pas fait pour se cacher. L'émeute populaire faillit le massacrer à Tours; il la contint, et lui imposa par sa sérénité. Il n'eut peur ni alors ni après; il n'avait jamais connu ce sentiment-là; il s'en vantait avec raison.

Il n'y a pas d'infirmité morale pire que celle-là pour l'homme public, et il n'y en a point qui ait fait plus de mal à la France. Quiconque écrirait l'histoire de la peur depuis qu'il y a des révolutions, ferait assurément le livre le plus instructif et le plus curieux qui puisse tomber aux mains des hommes.

M. de Peyronnet était de la race des Achille de Harlay, disant à Guise triomphant sur ses barricades, « que c'était grand'pitié quand le valet chassait le maître ; — des Matthieu Molé, désarmant par son intrépide assurance les révoltés de la Fronde, et imposant l'admiration à la plume du cardinal de Retz ; — des Boissy-d'Anglas, honorant d'un salut la tête de Feraud, que lui présentaient des piques menaçantes.

Traduit devant la Chambre des Pairs pour y être jugé, M. de Peyronnet envisagea l'accusation capitale qui pesait sur lui sans forfanterie comme sans faiblesse. Il émut cet imposant tribunal autant par le calme de son attitude que par la franchise de son langage. Le discours dans lequel il répondit à toutes les charges de l'accusation est un modèle de logique et de dignité.

Si je n'avais à parler que de la carrière publique de M. de Peyronnet, il me suffirait de le lire ici pour vous montrer ce que fut cet homme, tant poursuivi par les haines des partis, et qui pourtant méritait si bien l'estime et les sympathies de tous. La source de ces haines, M. de Peyronnet la fit connaître en ces termes à ses juges :

« J'ai obtenu de bonne heure le triste hon-
» neur d'avoir des ennemis, effet inévitable
» d'une vie trop extérieure, d'une humeur trop
» franche et d'un caractère trop indépendant.
» Ils m'ont pris dès mon adolescence, dans ces
» jours de malheur et de ruine où ma voix,
» vive et hardie, redemandait à la politique du
» temps le sang de mon père, qu'elle avait
» versé. Ils m'ont suivi dans les faibles essais
» de ma jeunesse, quand mon esprit, ami de
» l'étude, réparait, par des travaux opiniâtres,
» mon bonheur détruit et mon patrimoine en-
» vahi. Ils m'ont suivi dans les devoirs imposés
» à mon âge mûr, lorsque, appliqué à rétablir
» l'ordre, que j'aime, je l'avoue, avec passion,
» il était devenu si facile de soulever contre
» moi tous les abus que je poursuivais, et de
» donner à des exigences nécessaires l'appa-
» rence d'une dure inflexibilité. »

M. de Peyronnet ne recula devant aucune explication sur tous les actes de sa vie publique, si cruellement calomniée; il aborda même sa vie privée. On l'avait accusé d'avoir accru démesurément sa fortune; il montra, par des chiffres authentiques, officiels, à quelles modestes proportions il fallait la réduire.

On lui avait reproché de n'avoir pas refusé de faire partie du dernier ministère. « Quiconque, » s'écria-t-il, a aimé son roi, en a reçu des » bienfaits et a été appelé par lui en des jours » difficiles, réponde pour moi. »

Ce discours, Messieurs, prononcé en quelque sorte en face de la mort, respire une grandeur de sentiments qui présente sous son véritable jour le caractère alors si méconnu du ministre accusé [1].

J'en ai fini, Messieurs, avec la vie politique de M. de Peyronnet; nous allons le voir maintenant tel que le malheur l'a fait. C'est de ce moment qu'il nous appartient plus particulièrement, qu'il est à nous par ses écrits.

Le prisonnier de la Révolution victorieuse

---

[1] Voir aux notes qui sont à la fin du volume.

est resté libre : les verroux n'ont pu enfermer sa pensée ; elle a pour espace ce vaste domaine que Dieu lui a donné, et que les hommes ne peuvent lui ravir. Elle suffit à M. de Peyronnet. Elle sera sa consolatrice; elle le promènera dans le passé, dans le présent, dans l'avenir ; elle aura avec lui des colloques intimes, profonds, variés et séduisants; elle l'élèvera jusqu'aux plus hautes vérités de l'ordre moral, et l'initiera aux mystères des passions humaines.

Le littérateur va prendre sa revanche des distractions que lui ont imposées les affaires. On lui a tout enlevé, tout, excepté lui-même, excepté ses goûts favoris, ses livres aimés, et la faculté d'être tout entier au culte du beau, à l'art qui fait valoir les idées par le style.

D'autres auraient cru leur tâche achevée, et, après tant de labeurs, de luttes et de mécomptes, se seraient tristement abandonnés au repos absolu qui leur était fait. M. de Peyronnet, lui, avait, à cinquante-deux ans, une ardeur toute juvénile pour l'étude; il s'y plongea tout entier, et y trouva d'ineffables délices. Les journaux et les revues ne tardèrent pas à livrer au public le fruit de ses méditations.

Le juriste savant se manifesta d'abord par un écrit où il examinait la juridiction parlementaire que venait d'exercer à son égard la Chambre des Pairs. Il démontra, par les arguments les plus solides et les mieux enchaînés aux principes, qu'il ne pouvait être jugé; que le droit n'en appartenait pas à ceux qui l'avaient exercé, et que l'exercice qu'ils en avaient fait était illégal. Ce n'était pas la passion qui discutait là; c'était la logique de l'innocence. Dans ces pages vigoureuses, l'homme d'Etat embrasse d'un vaste coup d'œil les évènements qui viennent de s'accomplir, leurs causes et leurs conséquences, et quant au pays et quant à lui-même.

C'est là surtout que se manifesta la portée politique que lui reconnaissait Henry Fonfrède, dans un de ses articles qui précédèrent de peu de jours sa mort, et où sa loyauté naturelle fit bien des aveux en faveur d'anciens adversaires.

Ce n'était point une œuvre de vengeance que M. de Peyronnet avait voulu faire par cet écrit; c'était un examen calme et approfondi de la prétendue justice qui l'avait frappé. Il se trouva qu'il avait tracé une appréciation éloquente de la Révolution qui voulait le juger.

Cette œuvre de circonstance, qui a pour titre *Questions de juridiction parlementaire*, est encore bonne à consulter pour ceux qui veulent bien connaître cette époque et l'homme qui en fut la victime.

Ce fut pour lui comme un acquit de conscience envers sa propre personne. Après quoi, sa plume féconde aborda les sujets les plus variés et revêtit toutes les formes. Elle expédiait aux amis du prisonnier de Ham les plus gracieuses compositions, tantôt en vers, tantôt en prose ; quelques-unes passèrent dans les journaux, et le lecteur était charmé de la souplesse et de l'éclat de cet esprit, à qui le malheur servait de ressort.

Vincennes, le *Château de Ham*, l'*Audience d'un Ministre*, sont des esquisses pleines d'originalité. Les *Pensées d'un Prisonnier* sont véritablement d'un penseur qui a beaucoup médité sur les principes de gouvernement, qui connaît les replis du cœur humain, et qui sait les institutions sociales qui le peuvent régler.

Je ne puis résister au plaisir de citer un passage de l'*Audience d'un Ministre*. — Plusieurs solliciteurs arrivent à la suite les uns des autres :

« L'homme introduit a fait deux pas, et s'est
» profondément incliné. Il en fait deux autres,
» et s'incline encore plus profondément. — Pre-
» nez la peine de vous asseoir, lui dit gra-
» cieusement le ministre. — Lui salue une troi-
» sième fois, et ne s'assied point. — Monsei-
» gneur... dit-il. — Mais asseyez-vous. — Mon-
» seigneur... — Quelle affaire vous conduit chez
» moi ? — Monseigneur... — Il n'achevait point.
» — En quoi puis-je espérer de vous être utile ?
» — Monseigneur... — Le second mot ne pouvait
» sortir de sa bouche : le pauvre enfant suffo-
» quait. — Êtes-vous au service du roi, mon-
» sieur ? — Oui, monseigneur. — Militaire sans
» doute ? — Non, monseigneur. — Financier ?
» — Non, monseigneur. — Magistrat ? — Oui,
» monseigneur. — Vous êtes bien jeune, à ce
» qu'il me semble. — Jeune, monseigneur ! eh !
» mon Dieu ! j'ai déjà vingt-deux ans révolus.
» — C'est beaucoup. — N'est-il pas vrai, mon-
» seigneur ? Et pourtant, je ne suis encore que
» juge auditeur, monseigneur. — L'êtes-vous

» déjà? — Depuis quatre mois, monseigneur.
» — Et cela est bien long, n'est-ce pas ? — En
» vérité, monseigneur... — Et vous ne doutez
» point qu'en bonne justice on ne vous doive
» un meilleur emploi ? — Monseigneur... — Et
» vous êtes bien convaincu que vous le rempli-
» riez supérieurement? — Monseigneur... — Et
» vous ne craignez point qu'une expérience de
» quatre mois soit insuffisante à un âge aussi
» avancé que le vôtre, pour acquérir le peu de
» connaissances qu'exige l'exercice d'un pou-
» voir si peu important? — Monseigneur... —
» Depuis quand êtes-vous sorti des écoles ? —
» Depuis longtemps, monseigneur. — Mais en-
» core? — Depuis... l'an passé... — Voilà qui
» est prodigieux. — Mme la baronne de....
» — Des femmes, monsieur? bonne recom-
» mandation pour beaucoup de choses ; mais
» pour les emplois publics faites-vous recom-
» mander par votre mérite. — Mes travaux
» politiques... — Ah ! vous avez fait?... — Oui,
» monseigneur, de nombreux articles dans le
» journal du.... — C'est fort bien, monsieur,
» assurément c'est fort bien ; mais, croyez-moi,
» il ne saurait vous nuire d'apprendre un peu

» les lois, et un peu aussi la patience. — Oh!
» monseigneur, je ne serai donc jamais procu-
» reur du roi! »

Le magistrat de vingt-deux ans devint, il y a tout lieu de le croire, un ennemi du ministre; et qui sait? il demanda peut-être sa tête en 1830.

Un homme qui avait tant vu devait avoir beaucoup retenu. Il lui était resté entre les mains, pour aider sa mémoire, des papiers curieux; il eût pu en faire usage dans des révélations d'un haut et piquant intérêt pour l'avenir.

Personne ne racontait avec plus de verve que lui, et ne lançait plus finement l'épigramme. Ceux qui ont eu l'avantage de causer avec lui me croiront sans peine; et quant aux autres, s'ils veulent se faire une idée de la façon charmante avec laquelle il prenait à partie ses ennemis, qu'ils se procurent quelques pages intitulées : *Le septième chapitre de mes Mémoires*, qu'il publia en 1834 dans les *Mémoires de tous, collection des Souvenirs contemporains.*

On y verra, entr'autres justifications curieuses des actes de M. de Peyronnet les plus incriminés par l'opposition, des lettres de Benjamin-Constant, dans lesquelles ce tribun éloquent se fond en tendresses pour celui qu'il allait attaquer un moment après à la tribune, et a recours aux expressions les plus chaleureuses pour exprimer toute la reconnaissance et toute l'admiration que lui inspirent la générosité d'âme, l'obligeance et l'humanité de son excellence monseigneur le ministre. D'après ce fragment, on peut juger de l'intérêt qu'auraient eu ses Mémoires, s'il avait voulu les continuer. Mais il n'en est resté que ces quelques pages ; les autres ont été brûlées, et par les motifs les plus honorables [2].

Un jour, dans un entretien que j'avais avec M. de Peyronnet sur ce passé qui va de 1814 à 1830, et dans lequel il a joué un si grand rôle, je lui exprimais le désir de le voir écrire les récits par lesquels il charmait mon attention. « J'ai » commencé, me répondit-il; mais je devais » être vrai, et je ne le pouvais qu'en affligeant » les enfants de quelques hommes dont j'avais à

[2] Voir aux notes.

» parler. J'aime mieux me taire. » Voilà pourquoi, Messieurs, nous n'avons pas les Mémoires de M. de Peyronnet.

Mais les productions dont je viens de parler n'étaient qu'une distraction pour son esprit occupé de recherches historiques sur l'origine de notre nation. Il voulut entreprendre une œuvre immense et de nature à rebuter tout autre que lui. L'invasion des Francs dans la Gaule, leurs luttes contre les populations indigènes et contre les légions romaines, leur établissement successif sur tous les points d'un territoire qui devait être le premier du monde, mais qui ne présentait encore, au-delà de quelques cités florissantes, que de vastes forêts où se cachait une civilisation inconnue; les développements que prit bientôt la puissance de ces barbares sous le sceptre des rois qui fondèrent notre Monarchie, dont trois s'appellent Clovis, Pepin et Charlemagne ; ce sujet-là enflamma M. de Peyronnet et lui fit concevoir un plan historique nouveau pour cette époque si imparfaitement connue, et qui, il faut bien le dire, n'a guère d'attrait véritable que pour les érudits. Elle en eut pourtant beaucoup pour M. de Peyronnet. Il se procura le plus de documents qu'il lui fut possible, dans l'éloignement où il était des bibliothèques. Vieux manuscrits, chartes poudreuses, histoires vieillies, écrivains d'alors, écrivains d'aujourd'hui, furent l'objet de ses lectures patientes, sagaces et profondément réfléchies. Il mit quatre années à ce rude labeur. Enfin, en 1835, parurent les deux premiers volumes. Ils produisirent une impression réelle dans le monde littéraire. Sa préface était empreinte d'une mélancolie profonde; il y disait :

« Jeunes hommes, j'ai écrit pour vous. Ecou-
» tez, vous qui entrez dans la vie, cette voix
» qui sort d'un sépulcre; si humble, ou si haut
» que soit votre rang, écoutez!

» Je serai mort, de ma seconde et dernière
» mort, quand votre temps adviendra; quand
» vous posséderez et mènerez le monde, je n'y
» serai plus. Je ne saurais vous servir alors, et
» pourtant mon esprit s'émeut à l'idée de vous
» servir; il faut se hâter.

» J'ai six petits-fils qui croissent languissam-
» ment à l'ombre de mon malheur; ils prendront

» rang un jour parmi vous. Tendez-leur une
» main amie, quand vous les rencontrerez en
» votre chemin, si vous estimez qu'il y ait eu
» quelque peu de profit pour vous dans ce li-
» vre que le vieux captif vous dédie. »

Les deux premiers volumes de ce grand ouvrage commençaient à la fondation de la Monarchie française. Le cadre est vaste et non sans confusion. Les origines de tous les peuples ont des ténèbres, que plus tard ils s'efforcent d'éclairer avec les inventions de leur orgueil ou les fables de leur crédulité. M. de Peyronnet y pénètre, lui, avec sa raison. Les documents qu'il a sous les yeux ne sont pas tous d'une égale autorité, tant s'en faut. Les Francs écrivaient peu; les populations celtiques encore moins. Il n'y a pas de témoignages authentiques de cette époque, ou du moins qu'on puisse considérer comme tels en tous points. Comment démêler le vrai du faux, le vraisemblable de l'impossible? M. de Peyronnet l'a tenté, après d'autres, qui n'avaient ni sa sagacité, ni son bon sens, ni son expérience des affaires et des hommes.

L'histoire est un labeur de l'honnête homme, a-t-il dit; et il prouve bien qu'il l'entend ainsi dans tout ce qu'il écrit, non pas seulement des mœurs barbares de ce peuple conquérant à qui nous devons notre vie nationale, mais de leurs rois eux-mêmes, qu'il juge avec une équitable indépendance et une haute moralité. A mesure que la lumière lui arrive plus distincte et plus vive par les chroniques moins suspectes, par les historiens plus judicieux, il pénètre plus avant dans l'esprit, les habitudes et les lois de ces fondateurs d'empire. Il ne se borne pas à raconter; il étudie, discute, et donne rapidement le résultat de ses réflexions, sans faire obstacle à la marche du récit.

L'histoire n'exige pas seulement qu'on soit honnête homme pour l'écrire; elle veut aussi quelque portée politique. L'art, qui sert à tout, ne saurait suffire ici. L'art n'est point étranger à M. de Peyronnet; peut-être l'en trouve-t-on parfois trop préoccupé; mais l'art est toujours dominé chez lui par la raison de l'homme d'Etat, par les vues sérieuses du penseur et les inspirations du citoyen.

Tout n'est pas à une égale hauteur dans cette

savante et consciencieuse *Histoire des Francs,* qui va de la première apparition de ce peuple dans la Gaule à la mort de Charlemagne. Mais quelles belles pages y abondent ! Que j'en pourrais citer si l'espace restreint de ce discours me le pouvait permettre !

L'expression, chez M. de Peyronnet, est toujours mâle et concise; il abhorre la superfluité des détails. Son récit est rapide; il court sans rien oublier, et, dans cette course, il brusque quelquefois l'euphonie.

M. de Peyronnet avait évidemment beaucoup lu Tacite, et s'était fortement épris de sa manière. Il en imite les tours elliptiques avec d'autant plus de mérite, que notre langue, si nette et si logique dans sa syntaxe, souffre difficilement la pression que l'historien des Césars faisait subir à la sienne.

M. de Peyronnet pensait, avec Voltaire, que l'adjectif est l'ennemi né du substantif, surtout dans la prose, et il l'évitait comme un malfaiteur. C'était chez lui une grande qualité; mais, comme toutes les qualités exubérantes, elle avait par moments ses défauts. Le laconisme a quelquefois ses obscurités, et il n'est pas toujours bon de trop compter sur le goût des lecteurs pour les attraits de l'énigme.

Ces réflexions, Messieurs, ont pour but de vous montrer qu'en signalant ici la supériorité littéraire de l'illustre défunt qui fut votre collègue, je n'ai point l'intention de lui attribuer une perfection à l'abri de toute critique. Bien peu d'écrivains, s'il en est, ont atteint cette excellence de la forme qui commande l'admiration sans réserve. Ce qu'on peut dire de l'*Histoire des Francs* de M. de Peyronnet, sans la surfaire, c'est qu'elle est à la fois solidement et brillamment écrite ; c'est que, malgré les quelques taches qu'on y peut trouver, l'esprit qui l'a conçue est aussi étendu que pénétrant ; c'est que l'érudition y est aussi abondante qu'habilement employée ; c'est qu'enfin, c'est l'œuvre d'une tête politique qui connaît les principes d'après lesquels se constituent les gouvernements, les ressorts qui les font mouvoir, les vertus qui les élèvent et les vices qui les précipitent.

Je voudrais vous donner une idée du récit de M. de Peyronnet. Je cite au hasard. Il s'agit de l'invasion des Francs en Italie. Narsès leur livra une bataille qui leur fut fatale, et dans laquelle périt Bucelin, leur chef. Les Hérules s'étant révoltés contre Narsès, cet évènement décida le général des Francs à tenter l'attaque.

« Bucelin, qui en eut avis, saisit ce moment,
» et marcha. Narsès, de son côté, sortit et alla
» à lui. Le centre des Francs offrait la figure
» d'un profond triangle; les ailes, au contraire,
» s'étendaient uniformément sur deux lignes
» droites faiblement recourbées aux extrémités.
» L'infanterie des Grecs, formée en phalange,
» occupait leur centre; la cavalerie était sur les
» ailes. Au devant du corps de bataille, marchait
» une forte troupe de fantassins pesamment ar-
» més. A droite et à gauche, des détachements
» de gens de cheval s'embusquaient, couverts
» par des lisières de bois.

» L'action s'engagea par les archers et par les
» frondeurs. Mais bientôt le triangle des Francs
» s'ébranla, et de sa pointe avancée donna avec
» une invincible impétuosité sur le corps pesam-
» ment armé qui protégeait le centre des Grecs.
» Ce corps résista faiblement et fut enfoncé. Le
» triangle avançant toujours, il parvint au corps
» de bataille, le chargea avec la même fureur,

» et le renversa. Alors, n'ayant plus rien devant
» lui, l'avidité du butin l'entraîna; et sans s'arrê-
» ter ni s'inquiéter du sort des deux ailes, il cou-
» rut, déjà en désordre, vers le camp des Grecs.

» Ailleurs cependant la fortune était différente.
» A mesure que le centre des Francs faisait des
» progrès, leurs ailes restant plus découvertes
» et plus isolées, Narsès en tira avantage, et pro-
» fita de ce moment pour donner le signal aux
» siennes. Sur les deux points ce fut un même
» succès. Les Francs, dépourvus de cavalerie,
» soutinrent mal le choc de celle des Grecs; ils
» furent rompus.

» En même temps, les succès du centre chan-
» geaient. Les Hérules, sachant les Grecs en
» péril, eurent honte de leur inaction; ils crai-
» gnirent qu'on la leur imputât à trahison ou à
» lâcheté. Laissant donc leurs tentes, ils se mi-
» rent en marche pour prendre leur part du com-
» bat. Comme ils approchaient, ils rencontrè-
» rent ces Francs qui allaient au pillage, et
» qui, victorieux et sans défiance, n'imaginaient
» point qu'il leur restât autre chose à faire que
» de recueillir les fruits de leur triomphe. Les
» Hérules ne délibérèrent point, et chargèrent.

» Dans la confusion où les avait mis leur sécu-
» rité, les Francs n'eurent le temps, ni de re-
» prendre leurs rangs, ni de se défendre. Vain-
» cus par leur victoire même, ils voulurent
» fuir. Mais sur ce moment la cavalerie postée
» derrière les bois accourut, qui leur coupa la
» retraite, et acheva de les accabler. Le carnage
» fut affreux, le nombre des prisonniers infini;
» et de cette armée si belle et si formidable, en
» quelques heures il ne resta rien. Un même
» coup fit évanouir pour Bucelin la royauté
» qu'il rêvait, et à la fois sa gloire et sa vie,
» autres rêves. »

M. de Peyronnet ne raconte pas autrement dans cette histoire vaste et compliquée, où l'ordre n'est pas facile à garder.

M. de Peyronnet publia les deux autres volumes de l'*Histoire des Francs* onze ans après les premiers, car ils ne parurent qu'en 1846. Il y dit de Charlemagne, dont l'immense empire, comme celui d'Alexandre, croula sous le poids même de sa grandeur et s'en alla en débris :

« Cette race s'était élevée par la persévé-

» rance, la gloire, le génie; par la bataille de
» Testri, par la bataille de Poitiers, par l'inva-
» sion des Sarrasins, par l'hérésie des empereurs
» d'Orient, par l'irrégulière institution des mai-
» res du palais, par l'abdication du premier
» Carloman et la prompte mort du second, par
» la rivalité de l'Austrasie et de la Neustrie,
» par la réunion. On la verra déchoir mainte-
» nant par son imprévoyance et par sa faiblesse,
» par ses propres rivalités et par ses divisions,
» par le vice de sa pernicieuse loi d'hérédité et
» par le partage. Les progrès seront lents, la
» lutte intérieure se prolongera; mais le mou-
» vement ne s'arrêtera plus, et les effets répon-
» dront fidèlement à leur cause. On penchera
» longtemps sur l'abîme; mais l'abîme attire, et
» l'on ne s'en relèvera point. Ce sera un spec-
» tacle nouveau, un tableau moins brillant,
» mais plus animé, un drame sombre et moins
» héroïque, où l'intérêt, quoique différent, sera
» plus pénétrant encore et plus vrai. La mort
» nous instruit mieux que la vie : la chute des
» races royales est le plus profitable enseigne-
» ment des rois, s'ils l'écoutent; la plus salutaire
» leçon des peuples, s'ils sont attentifs. »

M. de Peyronnet, après six années de captivité, recouvra sa liberté. Il ne l'avait pas sollicitée. Comme il ne croyait pas qu'on eût eu le droit de la lui ravir, il ne pensa pas qu'il dût implorer personne pour se la faire rendre. Son pays natal la lui faisait vivement regretter : son imagination et son cœur se portaient toujours vers le manoir paternel, qu'il avait embelli, et auquel se rattachaient ses plus chers souvenirs.

Comme tous les enfants de notre riante Gironde, il aimait tendrement notre ciel, nos champs, notre cité et ses concitoyens. Au temps de sa haute fortune, c'était un titre à sa bienveillance que d'être Bordelais. Il tenait à ce qu'on le sût, il tenait surtout à le prouver. De sa prison, il aspirait de tout son cœur après le moment de revoir les lieux où il était entré dans la vie, où s'étaient écoulés les jours infortunés de son adolescence, les jours moins malheureux de sa jeunesse, et où il s'était préparé par ses travaux à la gloire disputée dont il avait un moment joui.

Qu'on juge de la joie qu'il éprouva, quand il put revoir son domaine de Monferrand, par ces vers qu'il adressait à une femme de distinction, qui lui avait écrit de Bordeaux pour lui témoigner la vive part qu'elle prenait à ses malheurs :

Si pourtant, au déclin de ma vie orageuse,
Lassant enfin la haine et l'envie ombrageuse,
Loin de ces lourds donjons, à l'espoir interdits ;
Loin, bien loin de ces champs désolés et maudits,

Où roule en vain la Somme une eau rare et fangeuse,
Où prie et pleure en vain la pitié courageuse,
Je revoyais encor les vignobles fleuris,
De mes biens usurpés humble et riant débris ;

Si, quand déjà du temps croît la chaîne ennemie,
Sur ces fertiles bords, sur cette terre amie,
Où j'essayais, enfant, mes premiers jeux, hélas !
Mourant, je puis aussi traîner mes derniers pas ;

J'irai, libre de soins, sous ces voûtes rustiques,
Oublier des partis les fureurs prophétiques ;
Je ne leur dirai point mes longs et durs revers ;
Non, je leur redirai mon bonheur et vos vers.

M. le comte de Peyronnet revit enfin Monferrand, et il y retrouva des amis qui lui avaient été fidèles dans son infortune comme dans sa prospérité. Quelques-uns de ceux-là sont ici; ils m'entendent, et ils pourraient dire si je suis en dehors de la vérité en parlant du bonheur avec lequel ils furent revus par le noble libéré de Ham. Mieux que moi, ils raconteraient avec quelle grâce, avec quelle bonté attendrie l'ancien garde-des-sceaux de France leur faisait accueil. Cet homme si ferme, et je dirai même si altier en face de ses ennemis, était le plus doux des hommes avec ceux qui l'aimaient.

« Je n'ai jamais volontairement fait de mal à personne, » me disait-il un jour; mais il ajoutait, en se redressant avec fierté : « Je n'aime pas qu'on m'en fasse. » Il n'avait pas impunément servi des rois tombés. Comme eux, il avait éprouvé l'ingratitude de ceux qui ne s'attachent qu'à la prospérité, et qui ne tiennent aux gouvernements que par les liens de leur intérêt personnel. Il souffrait de ces souvenirs; et quand ils essayaient de se formuler sur ses lèvres, il les en bannissait par un mot d'une philosophique pitié pour la faiblesse humaine. Il ne lui fallait, du reste, pour être consolé de ces amertumes, que l'expression d'un sincère attachement; elle épanouissait tout son être, et mouillait ses paupières.

Il passait pour n'être pas simple, et prêtait à cette opinion par un soin extrême dans la tenue de sa personne. Dans toute sa carrière publique, il avait eu grand souci de n'être pas au-dessous des hautes positions qu'il avait occupées. Il tenait au respect pour lui comme pour les autres, et il croyait qu'il fallait le commander, non pas seulement par son caractère, mais par son attitude. Il avait le sentiment de la grandeur; il voulait qu'elle apparût partout où l'homme public personnifie le pouvoir. Il y avait donc chez lui, par moments, une sorte de solennité; mais il savait s'en dépouiller dans l'intimité de ceux qu'il aimait.

Ainsi l'a-t-on vu toujours à Monferrand, plein d'affectueuse courtoisie et d'aimable abandon. Peu d'hommes ont eu plus d'à-propos et d'entrain dans la causerie; peu ont eu la réplique plus prompte et le trait mieux aiguisé. Sa plume était aussi variée que sa parole; elle était tantôt profonde, tantôt spirituelle, tantôt mélancolique, tantôt incisive; elle prenait tous les tons : ses œuvres le témoignent. Il lisait et écrivait sans cesse. Son esprit semblait grandir à mesure que son âge marchait vers le déclin.

Quand il eut terminé les deux derniers volumes de son *Histoire des Francs*, qu'il n'a pu conduire plus loin, il entreprit la réalisation d'un projet qu'il avait rêvé depuis longtemps, et qui était de nature à effrayer d'aussi capables, mais de moins résolus que lui. Le livre de Job avait vivement ému son âme en des temps de souffrances; il avait également frappé son imagination. Il n'est pas besoin de vous dire, Messieurs, ce qu'est ce livre admirable; vous savez qu'aucune poésie ne peut lui être comparée; que l'historien sublime qui l'a composé a trouvé une langue devant laquelle s'effacent tous les mélodieux idiomes que nous a légués l'antiquité, et que la grandeur des idées et des images dont il abonde rappelle la grandeur même du Dieu qui les a inspirées. Voltaire lui-même a dit, dans son *Dictionnaire philosophique*, que c'était le livre le plus précieux de l'antiquité; Bossuet ne trouvait pas de spectacle plus beau que la patience sublime de Job; Châteaubriand disait qu'aucun écrivain, pas même Jérémie, *n'avait poussé la tristesse de l'âme au degré où elle a été portée par le saint Arabe.*

Comment transporter les beautés de ce livre dans notre langue, dont la richesse est si pauvre, quand on la compare à celle de l'idiome biblique? M. de Peyronnet le tenta, et avec un véritable bonheur.

Le traducteur s'est pénétré de la désolation lyrique de Job; il a trouvé des accents magnifiques pour la rendre dans un rythme varié, et dont le mouvement n'a pas moins d'harmonie que de force.

Que faut-il citer? Voici un passage, entre une infinité d'autres, qui semble me solliciter :

Oui, mon cœur soulevé s'étonne et s'effarouche.
Entendez-vous gronder la voix de l'Eternel?
    Ecoutez le cri solennel,
Le formidable cri qui descend de sa bouche.

Il va, les cieux tremblants s'ouvrent tous devant lui;
Son œil étincelant plonge aux confins du monde;
    Il parle, et de sa voix profonde,
Ton œil poursuit en vain le souffle évanoui.

Dieu, dans sa grande voix, fait parler le tonnerre,
Et de son art fécond les trésors sont ouverts.

Dieu donna la pluie aux hivers,
Et son voile de neige au sein nu de la terre.

Voici que la tempête au midi s'est levée;
L'hiver accourt, parti des bords glacés du nord;
Dieu souffle, et l'eau durcit et dort;
Dieu souffle, et l'eau bondit dans les champs soulevée.

Les blés ont de la nue imploré le secours;
La nue étend sur eux son ombre salutaire.
Son vol enveloppe la terre,
Et quand Dieu lui dit : Marche, elle répond : J'y cours.

On peut faire à cette œuvre importante un reproche que le plus grand génie n'aurait pas évité : c'est d'être quelquefois une amplification du texte. Mais ne pourrait-on pas répondre que l'idée dans Job est immense par le sens et très-courte par l'expression?

Dans le latin, qui a pu facilement se rapprocher du texte hébreu, les mots sont moins nombreux parce qu'ils sont moins nécessaires. Mais la langue française ne peut se plier à ce laconisme; et si le traducteur veut être compris, il ne peut l'être qu'avec plus d'ampleur.

Job a eu de nombreux interprètes dans notre

littérature; aucun ne s'est mieux que M. de Peyronnet assimilé sa substance, et n'a plus heureusement revêtu ses images. Ce livre n'a point eu toute sa destinée; ma conviction est qu'il l'aura dans l'avenir.

M. de Peyronnet avait une prédilection marquée pour les vers; elle ne fit que s'accroître avec l'âge. Les difficultés de la versification aiguillonnaient son esprit et stimulaient son goût; il aimait, comme Racine et comme Boileau, à faire difficilement des vers faciles; sa verve moqueuse lui venait par accès, et alors il l'épanchait dans la satire. M. de Peyronnet a successivement écrit, dans les dix dernières années de sa vie, des pièces de vers dont plusieurs seraient plus justement appelées des discours que des satires. Ce n'est pas que le trait manque à aucune, que le vers ne soit dans toutes acéré, qu'il n'y ait çà et là des parties amusantes, que le côté ridicule des personnes et des choses n'y soit parfaitement saisi et dépeint; mais ces qualités-là ne constituent la satire que lorsqu'elles règnent d'un bout à l'autre, et sans être absorbées par d'autres idées plus hautes et plus graves.

Quand M. de Peyronnet veut rire, il rit bien; il dit alors avec un charmant abandon :

La vie est lourde et lente; abrégeons le trajet.
Mais glose-t-on sans texte et rit-on sans sujet?
Peintre, ai-je pu choisir de plus heureux modèles?
Elles riront de moi, comme je rirai d'elles;
C'est un échange honnête, un marché fort permis,
Et le droit que je prends, je l'offre à mes amis.
Laissez-moi rire un peu des folles gens que j'aime :
Le sage rit souvent en secret de lui-même,
Et c'est par là surtout qu'il est sage à mes yeux.

M. de Peyronnet plaisante ici, et son rire se montre plus ou moins agressif dans toute cette pièce des *Portraits*. Mais *les Visions, la Philosophie, le Doute, le Travail, le Temps*, sont mêlées de réflexions où le rire disparaît pour faire place à la plus haute poésie.

Voyez, par exemple, Messieurs, ce début des *Visions* : quel riant tableau il déroule à l'œil du lecteur !

Le soleil s'est éteint, le jour décroît, et l'ombre
Flotte aux arceaux aigus du cloître humide et sombre;
Une étoile penchée aux bords lointains des cieux
Se mire aux blanches eaux du lac silencieux;

Sur les cimes des monts, qu'un pâle azur colore,
La lumière, en mourant, s'arrête et lutte encore ;
Mais la lune déjà, levant son front changeant,
Épand les doux reflets de son disque d'argent.
Au foyer qui rougit l'aulne embrasé pétille ;
Dans sa coupe d'airain l'huile ardente scintille ;
Tout dort, la nuit se tait, et le luth oublié,
Sur le pavé poudreux languit humilié...

Dans *le Doute*, le satirique s'écrie :

Quoi! n'as-tu point aimé? Quoi! n'as-tu point souffert?
Le malheur, sur tes pas ne s'est-il point offert?
Voici la pierre étroite où dort ta jeune mère :
Cette amère douleur ne t'est donc point amère?
Ce vautour acharné ne t'a pas dans le flanc
Plongé sa dent aiguë et son ongle sanglant?
Ton cœur, du deuil fatal a donc oublié l'heure?
Oh! qu'on ne doute point quand on aime et qu'on pleure!
Oh! qu'on sent bien frémir, dans son sein déchiré,
L'ombre d'un fils éteint et d'un frère expiré!
L'ombre de l'humble vierge à notre amour ravie!
La mort a dissipé les doutes de la vie.
L'inexorable mort, sur ton front descendant,
Dit ta fragile vie et ton sort dépendant ;
Du Dieu, juge éternel, dit les desseins suprêmes,
Et du Ciel expliqué résout tous les problèmes.

Dans *le Mal,* il montre le bien qui s'est fait, qui se fait encore par les femmes :

Voyez, aux jours lointains, d'humbles vierges chercher
La mort dans les combats, le martyre au bûcher ;
Les reines se glisser dans l'ombre et loin du trône,
Répandre, en la voilant, leur secourable aumône.
Suivons, discrets témoins, leurs pas mystérieux.
Que tardons-nous ? Entrons dans ces funèbres lieux,
Refuge redouté, périlleuses enceintes,
Où des filles du ciel, héroïques et saintes,
Anges, ami du pauvre, ont, d'un sublime effort,
Voué leur chaste vie aux veilles de la mort.
Recueillez-vous ; comptez ces pieux sacrifices ;
Ces soins laborieux, cette ardeur, ces services,
Ces secours patients, ces dégoûts surmontés,
Et ces périls si grands, sans orgueil affrontés.
Oh ! de la charité vives et pures flammes !
Oh ! courage si ferme en de si faibles âmes !

C'est au rire que viennent se mêler, presque à chaque page des *Satires* de M. de Peyronnet, des sentiments de cette éloquence. L'auteur y donne une grande idée de sa raison, de son cœur, de son talent. Le philosophe chrétien s'y manifeste avec une hauteur de pensée et une splendeur de langage qui font oublier le satirique, et portent à autre chose qu'à l'hilarité.

Comme versificateur, M. de Peyronnet n'a nulle part déployé plus d'art que dans les *Satires*. Il y est substantiel, précis, vigoureux, et pourtant varié. Quelquefois pourtant, il lui manque la mollesse mélodieuse, qui est la plus attrayante grâce de la poésie; quelquefois, on retrouve dans ses vers les ellipses que je signalais plus haut dans sa prose, et cette concision mathématique qui condense l'idée et l'étouffe en la trop pressant. Le vers aime la liberté; il souffre peu qu'on règle son pas : il vole d'habitude, et ne marche pas. Je n'en voudrais pour preuve que les *Satires* même de M. de Peyronnet, tant elles ont, en une infinité de passages, de l'élan et du vol, si l'on veut me permettre de m'exprimer ainsi.

C'est par ces occupations de l'esprit que M. de Peyronnet se charmait lui-même dans sa retraite. Quelques réunions d'amis, tout-à-fait dignes de ce nom, complétaient ce bonheur relatif; car où donc est le bonheur absolu et complet?

On eût dit par moments que M. de Peyronnet

l'avait trouvé, tant il y avait de rayonnement dans sa physionomie, tant sa main était cordiale, tant sa voix était sympathique, tant son imagination avait d'entrain jovial. Il ne paraissait rien regretter des honneurs perdus ; il ne s'attendrissait qu'au souvenir des hautes infortunes dispersées sur le sol lointain de l'exil. Il ne racontait jamais sans larmes les bontés dont l'avaient comblé des princes proscrits, et disait, avec l'accent de l'admiration la plus émue, les actes de générosité dont ils l'avaient rendu témoin. C'étaient là ses seules amertumes.

Dirai-je qu'il n'avait plus d'ambition ? Non, Messieurs, il lui en restait une encore, je vous l'ai déjà dit : c'était de vous appartenir. Quand vous l'admîtes parmi vous, il sembla revenir aux espérances de sa jeunesse ; on eût dit qu'il faisait sa première entrée dans la carrière des honneurs, lui qui venait d'être le confident et le ministre des premiers rois du monde. Dans un discours où son esprit et son âme étaient à l'étroit, et qu'il élargit pourtant, il épancha les sentiments et les souvenirs qui le débordaient ; il n'oublia aucun de ses vieux amis qui l'avaient précédé dans la tombe, mais qui vivaient toujours en lui; il voulut les associer à cette fête de son intelligence. Sa parole évoqua son bien-aimé Ferrère, Edmond Géraud, qu'il appela son émule, ses maîtres, Lainé et Ravez, et d'autres encore, qui, au commencement de ce siècle, faisaient honneur aux lettres françaises dans la cité de Montaigne et de Montesquieu. Il trouva de l'écho dans son auditoire; car ce n'est pas en vain qu'on parle ici de la Gironde et de ses renommées.

M. de Peyronnet tentait de refaire sa vie; il la ramenait à ses premiers goûts et à ses premières jouissances. Il ne lui manquait, pour y réussir complètement, que le concours du temps, qui nous pousse d'autant plus vite que nous approchons davantage du terme suprême.

Il demanda que son nom fût replacé sur le tableau de l'ordre des avocats; il savait que notre Barreau n'était pas déchu de sa haute et vieille réputation : il voulait lui appartenir encore. Cette satisfaction lui fut accordée avec le plus unanime empressement par le Barreau bordelais.

Il ne tarda pas à recevoir un autre témoignage de l'estime qui entourait son nom. Le

Congrès scientifique, réuni à Toulouse pour la session de 1852, le proclama son président. En prenant possession du fauteuil, M. de Peyronnet adressa des remercîments à l'assemblée, dans lesquels il disait :

« Je ne vous apporte que peu de science. Ce
» que je sais le mieux n'est d'aucun usage au
» milieu de vous : je ne sais que le malheur, et
» vous le faites cesser.
» Vous avez dissipé d'un souffle les ténèbres
» qui enveloppaient ma vie; vous avez abreuvé
» de joie mes jours vieillissants ; vous avez
» fait rétrograder mon esprit, et il s'est cru un
» moment revenu au temps de sa jeunesse et de
» ses espérances, quand ma voix prompte et
» animée engageait ces luttes hardies d'où je ne
» sortais pas toujours vaincu. Honneur à vous
» mille fois! Si grands que soient mes malheurs,
» vous m'en ôtez le souvenir. »

La session terminée, M. de Peyronnet prit encore la parole, et ce fut avec une solennité mélancolique qui annonçait sa fin. Il termina par ces adieux à Toulouse :

« Et moi aussi, ville souveraine, je pars et te
» dis adieu! Ma jeunesse aima l'éclat de tes fêtes;
» mes vieux jours rediront ta sagesse, ta science,
» ton urbanité. J'ai connu un peu les temps
» d'autrefois, et j'ai beaucoup admiré leur vie
» sage et docile. En ce temps tu m'aurais donné
» peut-être des lettres de bourgeoisie, comme
» fit Rome à Montaigne, et je les aurais orgueil-
» leusement ajoutées à ces autres titres à qui
» rien ne manque que d'être anciens, et que ma
» fidélité reçut de la munificence des rois. Mais
» nous n'avons pas de chevaliers ni même de
» bourgeois. »

Il y a deux manières, Messieurs, d'aimer la
vie : ou comme Horace, qui voulait qu'on cueil-
lît les jours comme une fleur, *carpe Diem*, ou
comme les intelligences qui jouissent avec amour
des nobles facultés que Dieu leur a départies.
M. de Peyronnet était de ces derniers, et c'é-
tait à ce point de vue seul qu'il envisageait par
moments avec tristesse l'heure dernière. Mais
il savait que d'autres allaient lui succéder, plus
rayonnantes et pour toujours fortunées; il pré-
parait son âme au commerce éternel qu'elle

allait avoir avec Dieu. Sa foi, que n'avait pu éteindre le souffle philosophique du siècle qui vit son berceau, en cette année même où Voltaire mourait chargé de lauriers, sa foi avait dissipé les ténèbres de la tombe et entrevu le jour sans fin qu'elles cachent.

A mesure qu'il sentait davantage l'approche de la mort, sa sérénité se manifestait de plus en plus aux yeux attendris qui se fixaient sur les siens. Quand ils se fermèrent pour toujours, ils souriaient encore aux personnes bien-aimées dont la sollicitude et la douleur ne pouvaient leur échapper. Ses lèvres glacées se turent pour jamais après ces mots : *Je pardonne tout et à tous, pour que tous me pardonnent et que tout me soit pardonné.*

Ce fut un grand deuil pour l'Académie que le jour où elle apprit qu'elle avait perdu cet illustre collègue. Elle accourut à ses lointaines funérailles dans la personne de quelques-uns de ses membres, et trouva pour interprètes de ses regrets des voix noblement inspirées.

Ma tâche est finie, Messieurs; elle était au-dessus de mes forces, mais non pas au-dessus de mon cœur. Je vous remercie de me l'avoir confiée. Je l'ai remplie avec la volonté d'apporter mon humble part d'hommages à l'un des hommes qui ont le plus honoré notre grande Gironde en ce demi-siècle, à l'un des Bordelais dont la mémoire glorieuse vivra le plus longtemps dans l'avenir !

NOTES.

PREMIÈRE NOTE.

Voici les vers que M. de Peyronnet écrivit pendant que ses juges délibéraient sur son sort et que l'émeute demandait sa tête :

> La foudre, en vain, sur ma tête,
> Gronde en ces jours désastreux :
> Sourd aux cris de la tempête,
> Je ne suis point malheureux.
>
> Adieu, gloire et renommée;
> Adieu, bonheur dangereux,
> Faux plaisirs, vaine fumée;
> Je ne suis point malheureux.
>
> Que leur orgueil implacable
> Triomphe, et d'un rire affreux
> Insulte au coup qui m'accable;
> Je ne suis point malheureux.
>
> Pauvre captif, sous ma chaîne
> Je serai plus libre qu'eux,
> Libre de crainte et de haine;
> Je ne suis point malheureux.

Au Louvre ou dans ma tourelle,
Honneur toujours rigoureux,
Toujours servage fidèle ;
Je ne suis point malheureux.

Au lieu d'or et de puissance,
Humbles soins, modestes vœux,
Sage oubli, sobre indigence ;
Je ne suis point malheureux.

J'ai pleuré d'autres misères
Et des maux plus douloureux ;
Non, mes peines sont légères :
Je ne suis point malheureux.

J'ai vu, frappés de la foudre,
Tomber les chefs valeureux,
Tomber les trônes en poudre ;
Je ne suis point malheureux.

Ma voix n'ira pas, plaintive,
Gémir aux autels des Dieux ;
Mon âme n'est pas captive :
Je ne suis point malheureux.

Perçant la voûte profonde,
Mon esprit aventureux
S'élance et parcourt le monde ;
Je ne suis point malheureux.

Malgré le geôlier farouche,
Un songe mystérieux
Vient bercer ma froide couche;
Je ne suis point malheureux.

Vieux nautonnier, j'abandonne
Ma nef aux vents orageux;
J'espère, j'aime et je pardonne;
Je ne suis point malheureux.

La fortune, aveugle et vaine,
A des retours généreux;
Le moindre flot la ramène;
Je ne suis point malheureux.

Mon œil pénètre et devance
Du temps le cours ténébreux;
Le temps véridique avance;
Je ne suis point malheureux.

DEUXIÈME NOTE.

Je ne doute pas qu'on ne lise ici avec un vif intérêt le passage du *Septième Chapitre de mes Mémoires*, de M. de Peyronnet, dans lequel il est question des rapports qu'eut Benjamin-Constant avec l'ancien garde-des-sceaux de France, et des lettres que lui écrivit cet orateur de l'opposition libérale. Le passage est curieux.

« Il lui arriva donc, à M. Benjamin-Constant,
» d'avoir fantaisie d'être en rapport avec moi. La
» chose commença de bonne heure et finit fort tard;
» elle dura presque tout le temps de mon admi-
» nistration. Ces rapports n'étaient ni bien intimes
» ni bien variés. Mais enfin, chaque fois que le
» spirituel député s'en pouvait promettre quelque
» agrément ou quelque profit, l'esprit d'opposition
» se taisait en lui, et il m'écrivait. La plupart de
» ses lettres se sont malheureusement perdues;
» mais il m'en reste encore assez cependant pour
» l'effet que je me propose.
» En voici une du 12 mai 1822 : c'était le cin-
» quième mois de mon ministère.

« MONSEIGNEUR,

» C'est avec un vif bonheur que je reçois de Votre
» Excellence la nouvelle de la grâce accordée au mal-
» heureux Marcelin Bourgois. Quelle que soit la ligne
» que m'engagent à suivre les principes que je crois
» seuls capables à la fois de faire le bonheur de la
» France et de consolider la Monarchie constitution-
» nelle, je serai toujours heureux de rendre hommage

» à l'acte de justice auquel Votre Excellence a si puis-
» samment contribué, et dans lequel elle a mis *une*
» *célérité si bienfaisante* pour l'infortuné dont je lui
» avais transmis les réclamations, et une obligeance
» en me l'annonçant qui ajoute *le sentiment d'une*
» *sincère reconnaissance* à ceux de la haute et, etc.
   » *Signé* BENJAMIN-CONSTANT. »

» En voici une seconde, du 3 mars 1823 :

« MONSEIGNEUR,

» Votre Excellence *a été si bien pour moi dans les*
» *procès que j'ai eus à soutenir récemment*, que c'est
» avec confiance que je m'adresse à elle dans une af-
» faire plus importante, où il s'agit de la vie d'un mal-
» heureux que je ne connais point, mais dont le frère,
» obscur et isolé, frappe à toutes les portes pour sau-
» ver la vie de son frère. Il s'agit du condamné Roger,
» compris dans cette affaire de Caron, sur les détails
» de laquelle je m'abstiens de revenir, mais qui, ce me
» semble, ayant déjà eu pour résultat l'exécution de
» celui qu'on a regardé comme le chef de l'entreprise
» qui lui avait été proposée, n'a pas besoin, dans l'in-
» térêt même du gouvernement, d'être rendu plus ter-
» rible encore par une exécution si tardive d'un infor-
» tuné assez puni par sa détention et par ses angoisses.

» *Je sais par expérience*, Monseigneur, *que vous*
» *ne repoussez pas les intercessions de ce genre*. Je
» vous dois la liberté d'un malheureux qui gémissait
» depuis six ans dans les fers, et *que seul vous en avez*
» *délivré*. L'affaire de Caron et de Roger est trop con-
» nue de Votre Excellence, pour que j'aie besoin de lui
» rappeler toutes les circonstances qui rendent une

» commutation de peine désirable et politique. La dou-
» leur de son frère, le malheur de sa famille, l'idée de
» voir le sang couler de nouveau après une interrup-
» tion qui a permis d'espérer que le temps des ri-
» gueurs était passé, toutes ces considérations auront
» du poids, j'ose l'espérer, auprès de Votre Excellence.
 » Je saisis cette occasion pour lui offrir l'assurance
» de *ma reconnaissance personnelle;* mais bien qu'é-
» tranger à celui pour lequel je l'implore et que je n'ai
» jamais vu, j'éprouverai une reconnaissance encore
» plus vive si je puis penser que j'ai eu le bonheur de
» fixer son attention sur cet infortuné.
 » Je la prie d'agréer, etc.
 » *Signé* BENJAMIN-CONSTANT. »

» Ici il faut s'interrompre; car il n'y a guère
» moyen que j'omette ou que je diffère de dire le
» sort de Roger. Roger obtint d'abord la commu-
» tation de peine que sollicitait M. Benjamin-Cons-
» tant. Mais je ne m'en tins pas à cette première fa-
» veur; et deux ans à peine passés, ce malheu-
» reux, sur qui avait été prononcée la peine de mort,
» reçut de moi en échange sa grâce entière et sa
» liberté. J'ajouterai, parce que cela est véritable
» et juste, que la famille de Polignac eut sa part
» dans cette bonne action. M. le duc de Guiche
» intercédait cette fois chaleureusement pour Ro-
» ger, ou tout au moins pour Olanyer, autre com-
» plice, que je ne traitai pas avec plus de sévérité.

» Retournons à M. Benjamin-Constant. Voici
» une troisième lettre de lui. Celle-ci est de 1824 :

« MONSEIGNEUR,

» Confiné chez moi depuis plus d'un mois par une in-
» disposition qui a été assez grave, je prends la liberté
» de m'adresser à Votre Excellence pour lui demander
» une faveur qu'elle ne trouvera, j'espère, aucun in-
» convénient à m'accorder, puisqu'elle ne tient en rien
» à la politique. Il s'agit... Si Votre Excellence peut
» m'accorder ce que je lui demande, je lui aurai une
» obligation d'un nouveau genre ; car *je n'ai point*
» *oublié celles d'une plus haute importance que j'ai*
» *contractées envers elle, en en obtenant, pour des*
» *malheureux, des actes de justice ou de clémence.*
» Je prie Votre Excellence de vouloir bien agréer, etc.
» *Signé* BENJAMIN-CONSTANT. »

» Encore une lettre, qui est aussi de 1824 :

« MONSEIGNEUR,

» Je prends la liberté d'envoyer à Votre Excellence
» une copie du mémoire, etc... Aucune différence d'o-
» pinion politique ne me fera jamais récuser le juge-
» ment de Votre Excellence, dans une question où il
» s'agit de lois et de faits ; et je n'ai point oublié *la jus-*
» *tice prompte qu'elle a rendue au malheur obscur et*
» *sans défense, lorsque je l'ai imploré pour lui.* Je
» prie Votre Excellence d'agréer l'hommage, etc.
» *Signé* BENJAMIN-CONSTANT. »

» Une dernière enfin ; car elles sont toutes sem-

» blables, ces lettres, et il ne faut pas verser,
» même la vérité, jusqu'à la lie. Celle-ci est de
» 1825 :

« MONSEIGNEUR,

» Je n'ai voulu commettre auprès de Votre Excellence
» la même indiscrétion que, etc... J'en aurais une vive
» reconnaissance, et j'aime à penser que ce n'est pas
» le seul genre de reconnaissance que je lui doive, puis-
» que, *lorsque j'ai réclamé des actes de clémence,*
» *elle a bien voulu plus d'une fois me les accorder.*
» Je la prie, etc.
» *Signé* BENJAMIN-CONSTANT. »

» Je ne sais si je me fais illusion, mais il me
» semble que ces lambeaux de correspondance
» prouvent deux choses, et les prouvent même
» assez bien : l'une, que mon inflexibilité préten-
» due se pliait pourtant, sans trop de lenteur et
» de résistance, aux actes d'indulgence et d'huma-
» nité ; l'autre, que les partialités politiques n'y
» faisaient point de différence, et n'étaient pas
» pour moi une occasion d'endurcissement et d'ou-
» bli. Car enfin, ces malheureux étaient tous des
» condamnés politiques, et de la faction de M. Ben-
» jamin-Constant, et il jouait lui-même un rôle
» dans cette faction, qui n'aurait vraisemblable-
» ment pas rendu ses supplications bien puissan-

» tes si j'avais eu la sévérité partiale et impré-
» voyante qu'on m'attribuait.

» Le merveilleux de la chose est que M. Ben-
» jamin-Constant, qui confessait avec tant de can-
» deur, dans sa correspondance secrète, les nom-
» breuses épreuves qu'il avait faites de mes véri-
» tables sentiments, ne se faisait aucun scrupule
» de m'en imputer à la tribune, ou dans ses jour-
» naux, d'entièrement opposés. Je me souviens
» même qu'un jour, que j'étais par hasard absent
» de la chambre, abusant un peu plus que de rai-
» son, à ce que je crois, de cet avantage, il se
» laissa échauffer au point de me reprocher avec
» la plus véhémente indignation d'avoir demandé
» quelque soixante ou quatre-vingts têtes à la cour
» des pairs, dans le procès de la conspiration mi-
» litaire. Cet orateur, dans son hyperbolique ob-
» jurgation, confondait (Dieu me garde de dire à
» dessein) le réquisitoire sur lequel on juge, qui
» m'appartenait en effet, et était à mille lieues de
» ces violences, avec le réquisitoire sur lequel on
» permet seulement l'accusation ; acte fort diffé-
» rent assurément du premier, mais qui d'ailleurs
» ne pouvait être mis sur mon compte, puisque
» je ne fus fait procureur-général que trois mois
» après. Mais comme si ce n'était pas assez de cette

» méprise, il y avait de plus un étrange oubli.
» M. Constant oubliait que c'était tout récemment
» et dans la même semaine, si je ne me trompe,
» qu'il m'avait adressé l'une de ces lettres, où,
» libre de toute contrainte, et n'obéissant plus ap-
» paremment qu'à sa conviction, il parlait en ter-
» mes si clairs et si expressifs de ma modération
» et de sa gratitude. Et puis, qu'on se fie indis-
» tinctement et sans restriction à la sincérité de
» ces fastueuses harangues ! Et puis, ayez foi à
» l'honnêteté politique de ces esprits changeants
» et féconds, qui ont beaucoup d'idées en effet,
» et de variées, car ils les ont toutes, et tour à
» tour, et même à la fois indifféremment ! Et puis,
» condamnez ou exaltez, sur leur parole, ceux
» qu'il leur plaît de traduire à la barre du peuple
» ou de recommander à votre admiration ! »

Je pourrais citer bien d'autres lettres de personnages fameux, que contient ce *Septième Chapitre;* mais je m'en abstiens par des motifs de haute convenance et par respect pour les familles en cause.

Bordeaux, imp. J. DUPUY et Ce, rue Margaux, 10.

www.ingramcontent.com/pod-product-compliance
Lightning Source LLC
LaVergne TN
LVHW051514090426
835512LV00010B/2524